Bonjour, je m'appelle Luc.
Je suis de la planète Mars.
Bonjour, je m'appelle Anne Marie.
Je suis de Paris.

un parapluie
un manteau
un t-shirt
un pull
une robe
un jean
un short
un pantalon

Pourquoi as-tu toutes ces choses? Je ne comprends pas !
de l'eau
un ballon
de la musique
des fruits

Quand il fait chaud

je porte

un t-shirt

et

un short.

Quand il fait froid

je porte

un pantalon,

un pull

et

un manteau.

Quand il pleut

j'ai un parapluie.

Quand je vais à une fête

je porte

une robe.

Quand je vais au parc

je porte

un t-shirt

et

un jean.

Quand j'ai faim

Quand j'ai soif

je bois de l'eau.

Quand il y a de la musique

je chante
et
je danse.

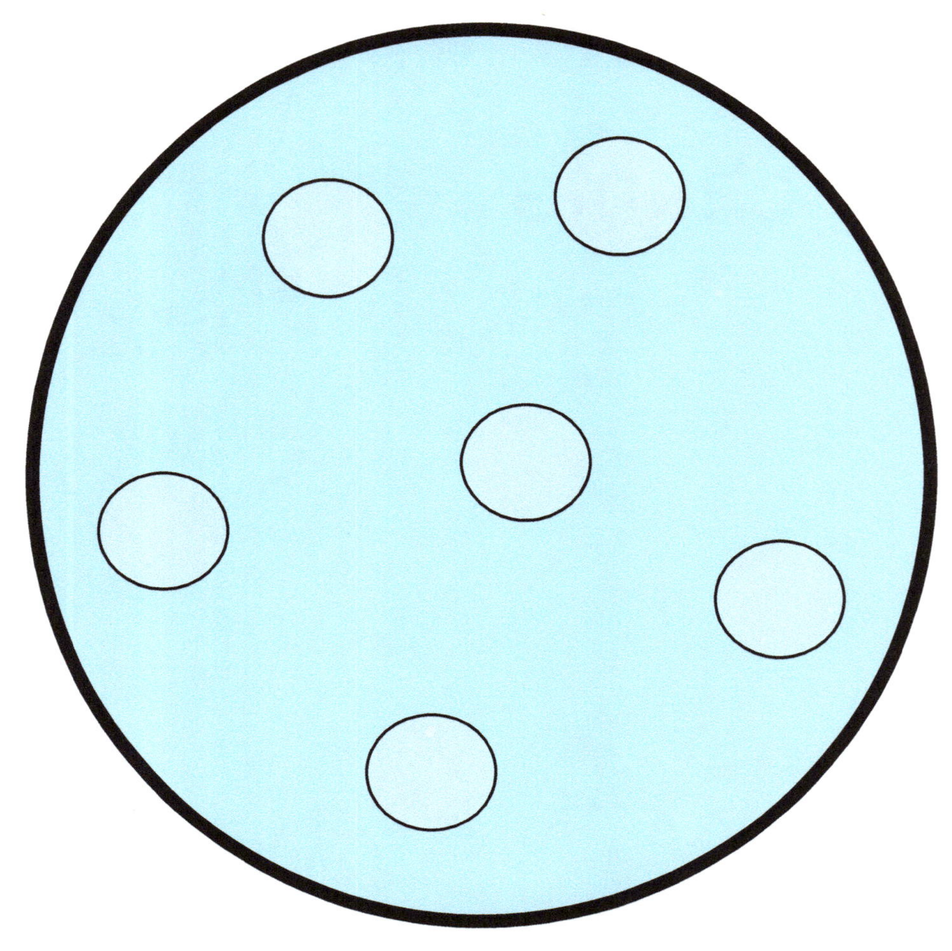

Quand j'ai un ballon

je joue au football.

J'aime ta navette spatiale.
C'est fantastique!

J'aime ta planète.
Qu'est-ce qu'il y a dans la valise?
?

Dans la valise il y a….

 des fruits

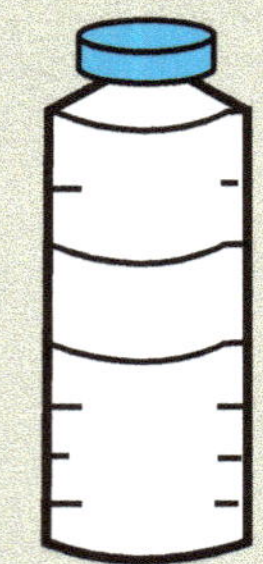 de l'eau

 de la musique

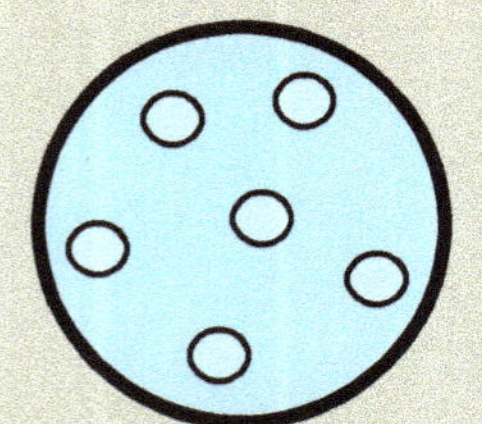 un ballon

 un parapluie

un t-shirt

un pull

un jean

une robe

un pantalon

un short

un manteau

I hope you have enjoyed this story! Try to look back at the French words from time to time to help you remember them. Reviews help other readers discover my books so please consider leaving a short review on the site where the book was purchased. Your feedback is important to me. Thank you! And have fun learning French! It's a lovely language to learn! Joanne Leyland

Useful French words and phrases

a coat  un manteau	a dress  une robe	a jumper  un pull	an umbrella  un parapluie
a t-shirt  un t-shirt	jeans  un jean	trousers  un pantalon	shorts  un short
fruit  des fruits	water 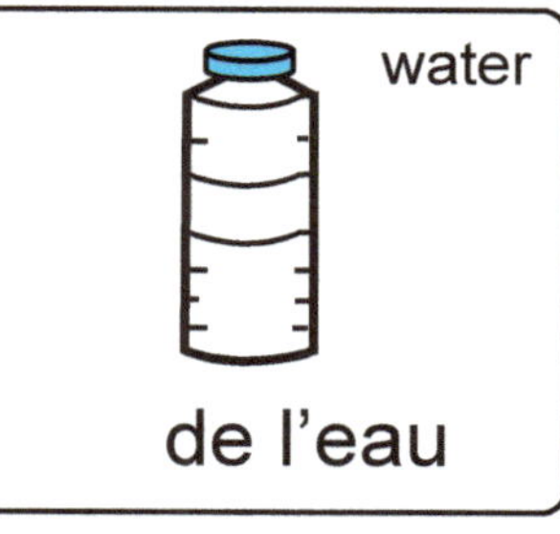 de l'eau	music  de la musique	a ball 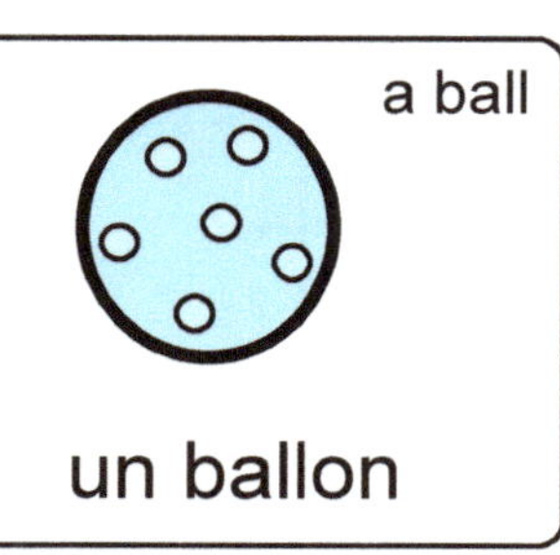 un ballon
the park  le parc	a party  une fête	a suitcase  una valise	a spaceship 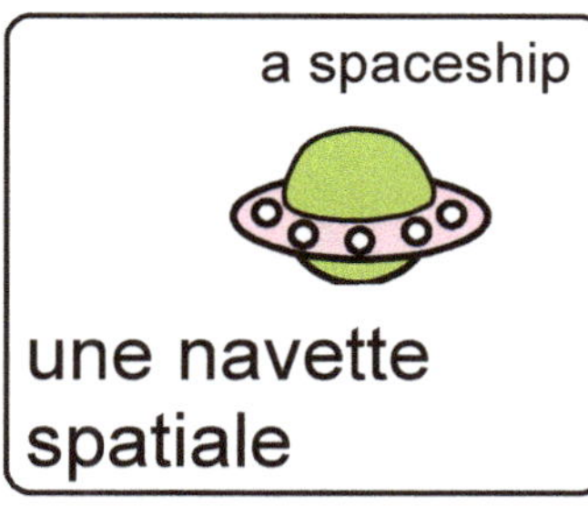 une navette spatiale

Quand .... When

it's raining  il pleut	it's cold 0 c il fait froid	it's hot 30 c il fait chaud

j'ai soif
I'm thirsty

je bois de l'eau
I drink water

j'ai faim
I'm hungry

je mange des fruits
I eat fruit

I sing  je chante	I dance  je danse	I play football  je joue au football

Let's sing a song!

The following words could either be sung to a made up tune, or you could try saying the words as a rap.

For inspiration of a melody to use you could hum first a nursery rhyme. How many different versions can you create using the lyrics?

Quand il fait chaud, quand il fait chaud
Je porte un t-shirt, je porte un t-shirt
Quand il fait chaud, quand il fait chaud
Je porte un t-shirt, je porte un t-shirt

Quand il fait froid, quand il fait froid
Je porte un manteau, je porte un manteau
Quand il fait froid, quand il fait froid
Je porte un manteau, je porte un manteau

Quand il pleut, quand il pleut
J'ai un parapluie, j'ai un parapluie
Quand il pleut, quand il pleut
J'ai un parapluie, j'ai un parapluie

Quand j'ai soif, quand j'ai soif
Je bois de l'eau, je bois de l'eau
Quand j'ai soif, quand j'ai soif
Je bois de l'eau, je bois de l'eau

Quand il fait chaud = when it's hot	je porte = I wear	un t-shirt = a t-shirt
Quand il fait froid = when it's cold	je porte = I wear	un manteau = a coat
Quand il pleut = when it rains	j'ai = I have	un parapluie = an umbrella
Quand j'ai soif = when I'm thirty	je bois = I drink	de l'eau = some water

French	English
Bonjour, je m'appelle Luc.	Hello, my name is Luke.
Je suis de la planète Mars.	I'm from the planet Mars.
Bonjour, je m'appelle Anne Marie.	Hello, my name is Anne Marie.
Je suis de Paris.	I'm from Paris.
Pourquoi as-tu toutes ces choses?	Why do you have all these things?
Je ne comprends pas !	I don't understand!
Quand il fait chaud	When it's hot
je porte un t-shirt et un short.	I wear a t-shirt and shorts.
Quand il fait froid	When it's cold
je porte un pantalon, un pull et un manteau.	I wear trousers, a jumper and a coat.
Quand il pleut	When it rains
j'ai un parapluie.	I have an umbrella.
Quand je vais à une fête	When I go to a party
je porte une robe.	I wear a dress.
Quand je vais au parc	When I go to the park
je porte un t-shirt et un jean.	I wear a t-shirt and jeans.
Quand j'ai faim	When I'm hungry
je mange des fruits.	I eat some fruit.
Quand j'ai soif	When I'm thirsty
je bois de l'eau.	I drink water.
Quand il y a de la musique	When there's music
je chante et je danse.	I sing and I dance.
Quand j'ai un ballon	When I've a ball
je joue au football.	I play football.
J'aime jouer au football.	I like playing football.
J'aime ta navette spatiale.	I like your spaceship
C'est fantastique !	It's fantastic.
J'aime ta planète.	I like your planet.
Qu'est-ce qu'il y a dans la valise?	What's in the suitcase?
Dans la valise il y a….	In the suitcase there is…
des fruits	some fruit
de l'eau	some water
de la musique	some music
un ballon	a ball
un parapluie	an umbrella
un t-shirt	a t-shirt
un pull	a jumper
un jean	some jeans
une robe	a dress
un pantalon	some trousers
un short	some shorts
un manteau	a coat
Quelle bonne idée !	What a good idea!
Merci. Au revoir ! Au revoir !	Thank you. Goodbye! Goodbye!

For children learning French there are also the following books by Joanne Leyland:

Le Singe Qui Change De Couleur

A monkey changes colour when he eats something of a different colour. Will he ever return to his usual colour? **Topics**: General conversation, days, colours, food, opinions.

Tu As Un Animal?

Marc doesn't have a pet. Will his wish for a pet come true?
Topics: Types of pets, colours, sizes, names of pets, opinions.

French Word Games

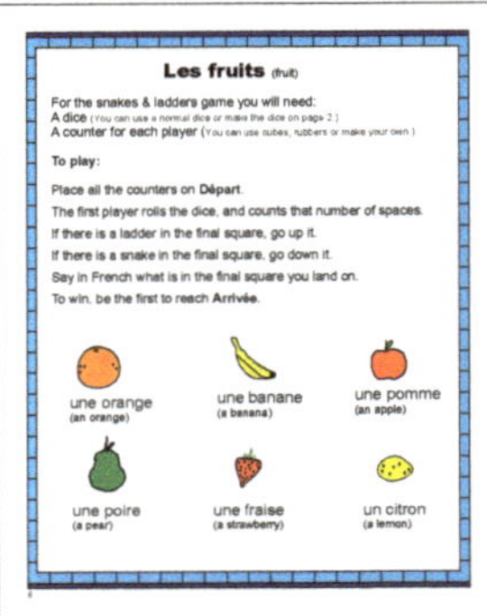

Have fun learning French with this lovely collection of games. The 15 topics include the body, the farm, fruit, the park, the picnic, town, weather, transport…

40 French Word Searches
Cool Kids Speak French

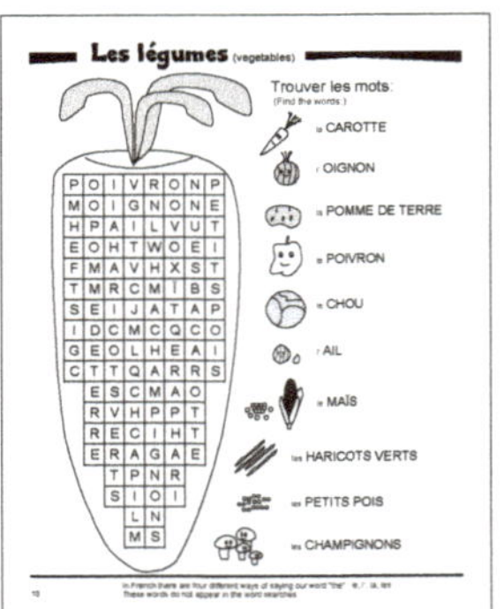

The word searches appear in fun shapes and pictures accompany the French words so that each word search can be a meaningful learning activity. 40 Topics.

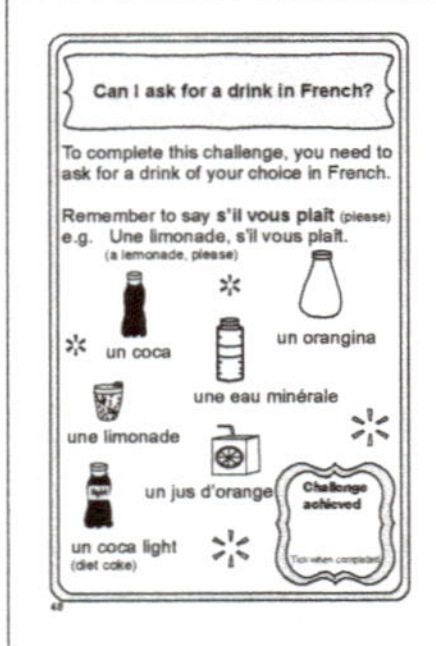

On Holiday In France Cool Kids Speak French

Designed especially to teach French to children who are going on holiday, and then to challenge them to speak French whilst away.
Suggested age range: **7 - 11**

Topics: Greetings, Numbers, Drinks, The Bakery, Ordering food, Pancakes, Ice creams, Souvenirs,
Hotels, Buying chocolates, campsites & around town

For more information about learning French and the great books by Joanne Leyland go to
https://funfrenchforkids.com